DELIUS KLASING

IRA KÖNIG MAIKE JESSEN

5 ZUTATEN

REZEPTE FÜRS KOCHEN AN BORD

DELIUS KLASING VERLAG

Inhalt

Auf hoher See
Pasta

Ankern
Hülsenfrüchte und Reis

Anlegen
Desserts

Nah am Wasser gebaut

Ira König und Maike Jessen sind Nordlichter, wie sie im Buche stehen. Beide leben und arbeiten seit über 20 Jahren in Hamburg und lieben Wasser, Watt und Küste.

Ira ist Food-Redakteurin und hat lange für Zeitschriftenverlage in Hamburg gearbeitet. Am liebsten mag sie moderne, schnelle und unkomplizierte Rezepte, die im Alltag funktionieren. Endlose Zutatenmengen und stundenlanges Kochen sind nicht ihr Ding. Dabei sucht sie trotzdem die Herausforderung. Aus möglichst wenig möglichst viel zu machen, ist besonders reizvoll für sie. Da kam ihr die Frage eines befreundeten Seglerpaares nach Rezepten für die Pantry natürlich genau recht. Wenig Platz, nur zwei Herdplatten maximal, weder Kühlschrank noch Ofen … Herrlich! So ist die Idee der *5 Zutaten Rezepte fürs Kochen an Bord* entstanden.

Maike ist Food-Fotografin und setzt von saftigen Steaks bis zu köstlichen Torten alles kreativ ins rechte Licht. Sie verbringt mit Sohn und Mann fast jedes Wochenende an der Küste und ist fasziniert von den Motiven, die ihre norddeutsche Heimat Ihr bietet. Sie liebt es, mit ihrer Kamera durch die Gegend zu streifen und das Küstenfeeling auf ihren Bildern einzufangen. Natürlich war sie gleich von der Idee der *5 Zutaten Rezepte fürs Kochen an Bord* begeistert und so konnte es losgehen.

Das Ergebnis halten Sie jetzt in den Händen – 55 Rezepte mit nur jeweils 5 dazugekauften Zutaten für zwei Personen, die satt und glücklich machen … viel Spaß beim Lesen, Planen, Kochen und Genießen auf dem Wasser

wünschen

Ira und Maike

Die richtige Ausrüstung **für die Kombüse**

Benötigte Küchenutensilien:
Küchenmesser
(großes Kochmesser, kleines Schälmesser)
Küchenbrettchen
Parmesanreibe
Schneebesen
Messbecher
Sparschäler
Kochlöffel
Pfannenwender
Knoblauchpresse
Normales Essbesteck
Pürierstab *
Handmixer *
Nudelsieb
je 1 große und kleine beschichtete Pfanne mit Deckel
je 1 mittelgroßer Topf und ein kleiner Topf mit Deckel
Schüsseln in verschiedenen Größen
Dosenöffner
Alufolie
Frischhaltefolie

** geht zur Not auch ohne*

... immer
an Bord

Gewürze

Sie spielen in allen Gerichten eine wichtige Rolle. Ein simples Reisgericht kann je nach Gewürzwahl komplett anders schmecken – mediterran mit südlichen Kräutern, orientalisch mit Kreuzkümmel und Curry, asiatisch mit Sojasoße. Deshalb rate ich, auch bei eingeschränktem Platzangebot eine breite Palette immer an Bord zu haben. Man kann sich die Gewürze in kleinere Portionen abfüllen – in Einzeldosen oder auch in gemischte Gewürzcontainer, die man selbst befüllt.

Meine Empfehlung für Vorräte an Bord: Salz, Pfeffer, Zucker, Gemüsebrühe (Instant), Sojasoße, Olivenöl, Sonnenblumenöl, dunkler Balsamicoessig, Weißweinessig, mittelscharfer Senf, Tomatenmark, Zwiebeln, Knoblauch (beides bevorzuge ich frisch, gibt's aber auch als getrocknetes Granulat), Curry, Oregano, ital. Kräuter, Thymian, gemahlener Kreuzkümmel, Cayennepfeffer, Bohnenkraut, Paprikapulver edelsüß und rosenscharf, gemahlener Kümmel, Muskat, Lorbeerblätter.

One Pot

Bei diesem Hinweis wird's besonders einfach (aber trotzdem raffiniert!) an Bord – alles ist auf nur einer Flamme und in nur einem Topf zuzubereiten. Das spart Heizfläche und Abwasch!

Alle Rezepte in diesem Kochbuch gehen fix – klar, auf dem Boot hat man genug zu tun und möchte nicht viel Zeit mit Kochen zubringen. Damit ihr vorher planen könnt, habe ich die Kochzeit für die Rezepte noch mal mit Knoten angegeben:

Regattafeeling: nur 15 Minuten

wow! So schnell!: 20 Minuten

flottes Vorwärtskommen: 25 Minuten

das freut den Skipper: 30 Minuten

gutes Tempo: 35 Minuten

gemächliches Zubereiten: 40 Minuten

braucht etwas Zeit: 45 Minuten

Der Anker steht für Hintergründe oder Tipps.

Der Sextant weist auf weiterführende Rezepte für den nächsten Tag hin – so gibt es keine Reste!

Nikon
68

Ablegen
Salate zum Sattessen

1

Bohnensalat
mit Thunfisch, Petersilie und Stangensellerie

1 Bohnen putzen, waschen und zusammen mit dem Bohnenkraut in sprudelndem Salzwasser ca. 10 Minuten kochen lassen. Abgießen und mit kaltem Wasser abschrecken.

2 Zwiebel schälen und in sehr dünne Ringe schneiden. Thunfisch abtropfen lassen. Petersilie waschen, trockentupfen und die Blättchen hacken. Sellerie putzen, waschen und in hauchdünne Scheiben schneiden.

3 Essig, Senf, Brühe, Pfeffer und Zucker verrühren. Öl in einem dünnen Strahl mit einem Schneebesen unterrühren. Zutaten mit der Vinaigrette vermengen und kurz ziehen lassen. Evtl. nach Geschmack mit Essig, Salz und Pfeffer abschmecken.

350 g frische grüne ***Bohnen*** oder 300 g TK grüne Bohnen
1 TL Bohnenkraut
½ TL Salz
1 kleine rote ***Zwiebel***
2 Dosen ***Thunfisch*** *(in Öl)*
3 Stiele glatte ***Petersilie***
2 Stangen ***Staudensellerie***
1 TL Essig
1 TL Senf
5 EL warme Gemüsebrühe
Pfeffer
1 Prise Zucker
4 EL Olivenöl

35 Minuten

Kräuter sollten nach dem Waschen besser trockengetupft werden als trockengeschüttelt. Je trockener sie sind, desto besser und feiner können sie gehackt werden!

2

Linsensalat mit Bacon, Sellerie und Birne

1 Linsen nach Packungsanweisung in kochendem Wasser garen. Abgießen und abschrecken. Zwiebel schälen und in kleine Würfel schneiden.

2 Bacon in einer Pfanne mit 1 EL Öl knusprig auslassen und zum Abtropfen auf ein Stück Küchenkrepp legen. Zwiebel im heißen Speckfett andünsten. Essig und Brühe zugeben und vom Herd nehmen. Übriges Öl unterrühren. Vinaigrette zur Seite stellen.

3 Birnen waschen, vierteln und entkernen. Birnenviertel in dünne Spalten schneiden und zu der Vinaigrette geben, sodass sie durchziehen können. Speck in Stücke brechen.

4 Staudensellerie putzen, waschen und in hauchdünne Scheiben schneiden. Salat putzen, waschen und in Stücke zupfen. Alle Zutaten vermengen und evtl. nach Geschmack mit Essig, Salz und Pfeffer abschmecken.

150 g **Belugalinsen**
1 kleine Zwiebel
4 Scheiben **Bacon** *(Frühstücksspeck)*
3 EL Olivenöl
1 TL Essig
75 ml Gemüsebrühe
2 rotschalige **Birnen**
2 Stangen **Staudensellerie**
1 **Mini-Römersalat**
Salz
Pfeffer

40 Minuten

Für den Bohnensalat und den Linsensalat von Seite 16 verbrauchen wir nur vier Stangen der Selleriestaude. Das aromatische Gemüse schmeckt auch warm zubereitet ganz köstlich, zum Beispiel zu Fisch und Kartoffeln. Dazu den übrigen Sellerie waschen, trocknen, in kleine Stücke schneiden und in 2 EL Butter mit 1 gehackten Knoblauchzehe andünsten. Mit 150 ml Brühe ablöschen und ca. 5 Minuten bissfest garen. Dann mit 1 TL Zitronensaft, etwas abgeriebener Zitronenschale, Salz, Pfeffer und 2 EL Crème fraîche verfeinern.

3

Kichererbsensalat mit Tomaten, Spinat und Schwarzkümmel

1 Essig, Senf, Salz, Pfeffer und Brühe verrühren. Knoblauch schälen und dazu pressen. Mit Zucker würzen und das Öl in einem dünnen Strahl mit einem Schneebesen unterrühren.

2 Kichererbsen abtropfen lassen. Tomaten waschen und halbieren. Spinat putzen, waschen und trocknen. Petersilie waschen, trocknen und die Blättchen hacken.

3 Vinaigrette und alle Salatzutaten locker vermengen und evtl. nach Geschmack mit Essig, Salz und Pfeffer abschmecken. Mit Schwarzkümmel bestreuen.

1 TL Essig
1 TL Senf
Salz
Pfeffer
5 EL warme Gemüsebrühe
1 Knoblauchzehe
1 Prise Zucker
3 EL Olivenöl
1 Dose ***Kichererbsen*** *(400 g)*
150 g ***Kirschtomaten***
100 g ***Baby-Spinat***
3 Stiele glatte ***Petersilie***
1 TL ***Schwarzkümmel***

15 Minuten

Schwarzkümmel kennen wir als Topping auf türkischen Fladenbroten. Es sieht aus wie schwarzer Sesam und wird auch oft verwechselt. Sein Geschmack ist aber viel aromatischer. Schwarzkümmel schmeckt zu orientalischen Gemüsegerichten, zu Hummus und Joghurt.

4

Chicoréesalat mit Trauben und Briekäse

1 Haselnusskerne grob hacken und in einer Pfanne ohne Fett goldbraun rösten, bis sie anfangen zu duften. Aus der Pfanne nehmen und auskühlen lassen.

2 Chicorée putzen, waschen und in Streifen schneiden. Trauben waschen und halbieren. Käse in Stücke schneiden. Frühlingszwiebel putzen, waschen und hacken.

3 Essig, Senf, Salz, Pfeffer, Brühe und Zucker verrühren. Öl in einem dünnen Strahl mit einem Schneebesen unterrühren.

4 Salatzutaten mit der Vinaigrette locker vermengen, kurz durchziehen lassen und evtl. nach Geschmack mit Essig, Salz und Pfeffer abschmecken.

2-3 EL ***Haselnusskerne*** *(mit Haut)*
2 ***Chicorée***
150 g blaue kernlose ***Trauben***
150 g ***Briekäse***
1 ***Frühlingszwiebel***
1 TL Essig
1 TL Senf
Salz
Pfeffer
5 EL warme Gemüsebrühe
1 Prise Zucker
3 EL Olivenöl

25 Minuten

5

Nudelsalat **mit Mortadella, Basilikum und Artischocken**

1 Nudeln nach Packungsanweisung in kochendem Salzwasser garen. Abgießen, mit kaltem Wasser abschrecken und abtropfen lassen.

2 Artischockenherzen abtropfen lassen und kleiner schneiden. Salat putzen, waschen, trocknen und in Stücke zupfen. Basilikumblättchen abzupfen. Mortadellascheiben aufrollen und in Stücke schneiden.

3 Essig, Senf, Salz, Pfeffer, Brühe und Zucker verrühren. Knoblauch schälen und zur Essigmischung pressen. Öl in einem dünnen Strahl mit einem Schneebesen unterrühren.

4 Vinaigrette und Salatzutaten locker mischen und evtl. nach Geschmack mit Essig, Salz und Pfeffer abschmecken.

150 g kurze ***Nudeln*** *(z. B. Penne)*
Salz
6 eingelegte ***Artischockenherzen*** *(in Öl)*
1 ***Mini-Römersalat***
3 Stiele ***Basilikum***
3 Scheiben italienische ***Mortadella*** *(dünn geschnitten)*
1 TL Essig
1 TL Senf
Pfeffer
5 EL warme Gemüsebrühe
1 Prise Zucker
1 Knoblauchzehe
3 EL Olivenöl

30 Minuten

6

Tomatensalat mit Brotcroûtons, Minze und Ziegenkäse

1 Baguettebrötchen in Stücke zerpflücken. Knoblauchzehe schälen und längs halbieren. Tomaten waschen. Kirschtomaten halbieren, große Tomaten in Scheiben schneiden.

2 Ziegenkäserolle in Scheiben schneiden. Minze waschen, trocknen und die Blättchen abzupfen.

3 Essig, Salz, Pfeffer und Brühe verrühren. 3 EL Öl mit einem Schneebesen in einem dünnen Strahl unterrühren.

4 1 EL Öl in einer Pfanne erhitzen und die Baguettestücke darin anrösten. Knoblauch zugeben und kurz mitrösten. Croûtons mit Salz würzen.

5 Tomaten, Käse und Minze anrichten und mit der Vinaigrette beträufeln. Knoblauchcroûtons darauf verteilen.

1 ***Dinkel-Baguettebrötchen***
1 Knoblauchzehe
4 mittelgroße ***Tomaten***
150 g ***Kirschtomaten***
oder kleine Tomaten
(z. B. Strauchtomaten)
1 kleine Rolle ***Ziegenkäse*** *(150 g)*
3 Stiele ***Minze***
1 TL Essig
Salz
Pfeffer
5 EL warme Gemüsebrühe
4 EL Olivenöl

25 Minuten

Kräuter sollten nach dem Waschen besser trockengetupft werden als trockengeschüttelt. Je trockener sie sind, desto besser und feiner können sie gehackt werden!

7

Papaya-Avocadosalat **mit duftendem Basmatireis**

1 Reis nach Packungsanweisung in kochendem Salzwasser garen. Fertigen Reis vom Herd nehmen, mit einer Gabel auflockern und abkühlen lassen.

2 Papaya (oder Mango) schälen und halbieren. Kerne mit einem Löffel herauskratzen. Fruchtfleisch in dünne Scheiben schneiden. Avocado halbieren und den Stein entfernen. Fruchtfleisch vorsichtig aus der Schale lösen und in Würfel schneiden.

3 Salat putzen, waschen, trocknen und in Stücke zupfen. Limettensaft und -schale mit der Sojasoße verrühren. Öl in einem dünnen Strahl mit einem Schneebesen unterrühren. Vinaigrette nach Geschmack mit Salz und Zucker abschmecken. Salatzutaten vorsichtig mit der Vinaigrette vermengen.

75 g **Basmatireis**
Salz
1 kleine **Papaya** *(ca. 450 g);* alternativ geht auch eine Mango
1 reife **Avocado**
1 **Mini-Römersalat**
½ **Bio-Limette** *(Saft und abgeriebene Schale)*
1 TL Sojasoße
3 EL Sonnenblumenöl
1 Prise Zucker

30 Minuten

SEA

8

Krabbensalat mit Ei und Gurke

1 Eier ca. 8 Minuten kochen. Gurke waschen, trocknen und längs halbieren. Kerne mit einem Teelöffel herauskratzen. Hälften in Scheiben schneiden. Eier abgießen, mit kaltem Wasser abschrecken und pellen.

2 Schmand, Essig, Brühe, Salz, Pfeffer und Zucker verrühren. Dill waschen, trocknen, abzupfen und hacken. Alle Salatzutaten locker vermengen und evtl. nach Geschmack mit Salz und Pfeffer abschmecken. Eier halbieren und auf den fertigen Salat setzen.

2 ***Eier***
1 kleine ***Bio-Salatgurke***
2 EL ***Schmand***
einige Tropfen Essig
3 EL warme Gemüsebrühe
Salz
Pfeffer
Zucker
2 Stiele ***Dill***
150 g ***Krabben*** *(gepult)*

20 Minuten

Um die perfekt gegarten Eier zu bekommen, sollte man sie zunächst anpieksen und dann in kochendes Wasser geben. Dabei ist es wichtig, dass die Eier nicht eiskalt aus dem Kühlschrank kommen, sondern Zimmertemperatur haben. Ist der Temperaturunterschied zu groß, können sie trotz der Löchlein platzen.

TENDANCE
BEAU TEMPS
PLUIE ou VENT

9

Nudelsalat mit Avocadodressing, Radieschen und Mais

1 Nudeln nach Packungsanweisung in kochendem Salzwasser garen. Radieschen putzen, waschen und in Scheiben schneiden. Mais abtropfen lassen.

2 Avocado halbieren und den Stein entfernen. Fruchtfleisch vorsichtig aus der Schale lösen und in Würfel schneiden. Anschließend mit einer Gabel fein zermusen und mit Joghurt, Kreuzkümmel, Essig und Cayennepfeffer verrühren.

3 Nudeln abgießen, mit kaltem Wasser abschrecken und abtropfen lassen. Salatzutaten locker mit dem Avocadodressing vermengen. Salat nach Geschmack mit Salz, Pfeffer und Essig abschmecken.

150 g kurze **Nudeln** *(z. B. Penne)*
Salz
½ Bund **Radieschen**
1 kleine Dose **Mais** *(140 g Abtropfgewicht)*
1 reife **Avocado**
3 EL **griechischer Joghurt** *(10 % Fett)*
1 Msp. Kreuzkümmel
1/2 TL Essig
Cayennepfeffer

25 Minuten

Nicht nur Hasen und Kaninchen freuen sich über knackig grüne Radieschenblätter. Bei Bioware kann man die leckeren Blätter einfach mitessen. Sie schmecken angenehm würzig und machen sich kleingehackt super in Salaten, Smoothies, Pesto, Suppen und auf dem Butterbrot.

Sonnen
MAIS
NATURSÜSS
ohne
Zusatz
von Salz

10

Asiatischer Reisnudelsalat mit Paprika und Sesam

1 Paprika waschen, putzen, entkernen und das Fruchtfleisch in kleine Stücke schneiden. Sesam in einer Pfanne ohne Fett goldbraun rösten, bis er anfängt zu duften. Aus der Pfanne nehmen und auskühlen lassen. Salat putzen, waschen, trocknen und in mundgerechte Stücke zupfen.

2 Reisnudeln nach Packungsanweisung in kochendem Salzwasser garen. Abgießen und mit kaltem Wasser abschrecken – so garen sie nicht weiter und werden nicht matschig. Nudeln evtl. etwas kleiner schneiden.

3 Limettenschale und -saft mit Sojasoße verrühren. Öl in einem dünnen Strahl mit einem Schneebesen unterrühren.

4 Vinaigrette und Salatzutaten locker mischen und evtl. nach Geschmack mit Sojasoße abschmecken.

2 kleine **Paprikaschoten** *(grün und gelb)*
1 EL **Sesamsamen** *(geschält)*
1 **Mini-Römersalat**
100 g asiatische **Reisnudeln**
Salz
½ **Bio-Limette** *(Saft und abgeriebene Schale)*
1 EL Sojasoße
3 EL Sonnenblumenöl

25 Minuten

BREDNINGEN
BÅGØ
Nordlige

11

Kartoffel-Bohnensalat mit Matjes

1 Kartoffeln waschen und in kochendem Salzwasser 15–20 Minuten garen. Bohnen putzen, waschen und mit Bohnenkraut in kochendem Salzwasser ca. 10 Minuten garen.

2 Essig, Senf, Brühe, Salz und Pfeffer verrühren. Öl in einem dünnen Strahl mit einem Schneebesen unterrühren.

3 Petersilie und Dill waschen und trocknen. Petersilienblättchen und Dillfähnchen abzupfen und grob hacken. Kartoffeln und Bohnen abgießen. Kartoffeln mit kaltem Wasser abschrecken, pellen und halbieren.

4 Kartoffeln, Bohnen, Kräuter und Vinaigrette locker vermengen. Matjes auf dem Salat anrichten.

400 g kleine **Kartoffeln**
Salz
250 g grüne **Bohnen** oder
200 g TK grüne Bohnen
½ TL Bohnenkraut
1 TL Essig
1 TL Senf
5 EL warme Gemüsebrühe
Pfeffer
3 EL Sonnenblumenöl
2 Stiele glatte **Petersilie**
2 Stiele **Dill**
4 **Matjesfilets**

35 Minuten

Das Pellen geht erheblich leichter, wenn die Kartoffeln nach dem Kochen abgeschreckt werden – und man verbrüht sich nicht die Finger! Wer besonders hitzeempfindlich ist, piekst zum Schälen eine kleine Gabel in die heiße Kartoffel.

12

Rote Bete Salat mit Walnusskernen

1 Walnusskerne in einer Pfanne ohne Fett goldbraun rösten, bis sie anfangen zu duften. Aus der Pfanne nehmen und abkühlen lassen.

2 Essig, Senf, Brühe, Salz und Pfeffer verrühren. Öl in einem dünnen Strahl mit einem Schneebesen unterrühren.

3 Rote Bete in Spalten schneiden und mit der Vinaigrette vermengen. Ziehen lassen. Salat putzen, waschen, trocknen und in Streifen schneiden. Birne (oder Apfel) waschen, vierteln und das Kerngehäuse entfernen. Anschließend das Obst in Spalten schneiden.

4 Zwiebel schälen, halbieren und in hauchdünne Halbringe schneiden. Rote Bete mit Salz und Pfeffer abschmecken. Salatzutaten anrichten.

3 EL **Walnusskerne**
1 TL Essig
1 TL Senf
3 EL warme Gemüsebrühe
Salz
Pfeffer
3 EL Sonnenblumenöl
500 g vorgekochte **Rote Bete** *(eingeschweißt)*
1 **Mini-Römersalat**
1 rotschalige **Birne** oder ein Apfel
1 kleine Zwiebel
2 **Roggenbrötchen**

20 Minuten

Umwelt-Tipp

Auch Einweghandschuhe lassen sich bei sorgfältiger Verwendung öfter nutzen. Einfach nach der Verwendung Hände mit den übergezogenen Handschuhen mit Wasser und Seife gründlich waschen und trocknen. Erst danach Handschuhe ausziehen.

Wohl kaum ein anderes Gemüse hinterlässt so farbintensive Flecken wie die Rote Bete. Das sollte aber nicht abschrecken! Sowohl roh als vorgekocht ist sie eine Delikatesse. Zum Zubereiten entweder Einmalhandschuhe anziehen oder das Gemüse mit der Gabel zum Schneiden fixieren. Gerätschaften anschließend möglichst schnell mit heißem Wasser abspülen.

13

Lachssalat mit Joghurt

1 Kartoffeln waschen und in kochendem Salzwasser 15–20 Minuten garen.

2 Joghurt, Senf und Brühe verrühren und mit Salz und Pfeffer würzen. Stremellachs in Stücke zupfen. Minze und Dill waschen und trocknen. Minzblättchen und Dillfähnchen grob hacken.

3 Kartoffeln abgießen, mit kaltem Wasser abschrecken, pellen und halbieren.

4 Salatzutaten locker vermengen.

400 g kleine ***Kartoffeln***
Salz
3 EL ***griechischer Joghurt*** *(10 % Fett)*
1 TL Senf
3 EL warme Gemüsebrühe
Pfeffer
200 g ***Stremellachs***
2 Stiele ***Minze***
2 Stiele ***Dill***

25 Minuten

Volle Kraft voraus!
Leckeres mit Fisch und Fleisch

14

Makrele zu Nudel-Linsengemüse

1 Nudeln nach Packungsanweisung in kochendem Salzwasser garen. Linsen zum Schluss ca. 5 Minuten mitgaren. Nudeln und Linsen abgießen und mit kaltem Wasser abschrecken – so bleiben sie bissfest und garen nicht weiter.

2 Essig, Senf, Brühe, Pfeffer und Zucker verrühren. Öl in einem dünnen Strahl mit einem Schneebesen unterrühren. Vinaigrette mit Nudeln und Linsen vermengen.

3 Makrele abtropfen lassen. Petersilie waschen, trocknen und die Blättchen grob hacken. Tomaten fein hacken. Zwiebel schälen, halbieren und in sehr dünne Halbringe schneiden.

4 Tomaten, Petersilie und Zwiebeln unter die Nudel-Linsen-Mischung heben. Makrele darauf anrichten.

150 g **Nudeln** *(z. B. Penne)*
Salz
50 g rote **Linsen**
1 EL Essig
1 TL Senf
5 EL warme Gemüsebrühe
Pfeffer
1 Prise Zucker
3 EL Olivenöl
2 Dosen **Makrelenfilets** (à ca. 125 g)
3 Stiele glatte **Petersilie**
3 getrocknete **Tomaten** *(in Öl)*
1 kleine Zwiebel

30 Minuten

In den Häfen immer der Nase nach, findet man – zumindest im deutschen und skandinavischen Raum – Räuchereien. In so einem Glücksfall schmeckt das Gericht mit frisch geräucherten Makrelen (oder anderen fettreichen Fischarten) noch mal so gut!

Pan do Mar
"Brot des Meeres"
Rote Linsen
500g

15

Lachs mit Zucchini-Tomatensoße und Couscous

1 Couscous in eine kleine Schüssel geben, mit Salz und Kreuzkümmel verrühren. Knapp mit kochendem Wasser übergießen und quellen lassen. Möchte man den Couscous warm genießen, kann man dafür jetzt auch den Topf in eine Decke einwickeln.

2 Zucchini putzen, waschen, trocknen und in Scheiben schneiden. Knoblauchzehe schälen und hacken. 2 EL Öl in einer Pfanne erhitzen und die Zucchinischeiben darin goldbraun braten. Mit Salz würzen. Zucchini aus der Pfanne nehmen.

3 1 EL Öl in die heiße Pfanne geben und den Knoblauch darin andünsten. Achtung! Die Hitze dabei reduzieren. Ist die Pfanne zu heiß, verbrennt der Knoblauch schnell und schmeckt bitter. Tomaten zugeben und alles mit Salz, Pfeffer, Oregano und Zucker würzen. Aufkochen und ca. 5 Minuten offen köcheln lassen. Dadurch verdunstet das Wasser aus den Tomaten und der Geschmack wird intensiver. Außerdem verbinden sich die Gewürze so geschmacklich.

4 Fisch waschen und trockentupfen. In 1 EL heißem Öl von beiden Seiten je 3–4 Minuten braten und mit Salz und Pfeffer würzen.

5 Couscous mit einer Gabel auflockern. Zucchini zur Tomatensoße geben und darin erhitzen. Feta grob zerbröckeln. Lachs mit Couscous, Zucchini-Tomatensoße und Feta anrichten.

75 g Instant **Couscous**
Salz
½ TL Kreuzkümmel
kochendes Wasser
1 große **Zucchini**
1 Knoblauchzehe
4 EL Olivenöl
1 Dose stückige **Tomaten** *(400 g)*
Pfeffer
1 TL getrockneter Oregano
1 Prise Zucker
2 **Lachsfilets** *(à ca. 125 g)*
75 g **Fetakäse**

30 Minuten

Echter Fetakäse besteht aus Schaf- oder Ziegenmilch und kommt aus Griechenland. Dieser Salzlakenkäse kann auch aus günstigerer Kuhmilch hergestellt werden. Dann darf er aber nicht Feta genannt werden, sondern Hirtenkäse, Käse nach Balkanart, etc. Natürlich kann man auch diesen Käse hier verwenden, mir persönlich gefällt der echte Feta aber von Geschmack und Konsistenz her am besten.

16

Fischtopf mit Safran

One Pot

1 Suppengrün putzen, bzw. schälen und waschen. Gemüse klein schneiden. Knoblauch schälen und in dünne Scheiben schneiden.

2 Öl in einem Topf erhitzen und Knoblauch vorsichtig darin andünsten. Hitze erhöhen, Gemüse und Tomatenmark zugeben und kräftig anbraten. Mit Salz und Pfeffer würzen.

3 Mit Wein und Brühe ablöschen. Safran und Lorbeer zugeben. Aufkochen und geschlossen ca. 10 Minuten garen. Fisch waschen, trockentupfen und in Würfel schneiden.

4 Fisch in den heißen Gemüsefond geben und bei schwacher Hitze 2–3 Minuten gar ziehen lassen. Mit Salz und Pfeffer abschmecken. Baguette dazu servieren.

1 Bund **Suppengrün**
1 Knoblauchzehe
2 EL Öl
1 TL Tomatenmark
Salz
Pfeffer
100 ml trockener **Weißwein**
500 ml Gemüsebrühe
1 Döschen **Safranfäden** *(0,1 g)*
1 Lorbeerblatt
400 g **Fischfilet**
(z. B. Lachs und/oder Kabeljau)
½ **Baguette**

35 Minuten

17

Wasabipüree zu Sesamfisch

1 Kartoffeln schälen, waschen und in Stücke schneiden. Kartoffeln in Salzwasser 20–25 Minuten weich kochen.

2 Fischfilet waschen und gut trockentupfen. Sesamsamen in einer Pfanne ohne Fett goldbraun rösten, bis sie anfangen zu duften. Aus der Pfanne nehmen und abkühlen lassen.

3 Öl in der heißen Pfanne erhitzen und die Fischfilets darin von beiden Seiten je 3–4 Minuten braten. Koriander abzupfen.

4 Kartoffeln abgießen, dabei 3–4 EL Kartoffelwasser auffangen. Kartoffeln im Topf kurz ausdampfen lassen. Kartoffeln mit Kartoffelwasser zerstampfen. Wasabi unterrühren. Püree mit Salz abschmecken.

5 Sojasoße über den Fisch träufeln und den Sesam darüber streuen. Sesamfisch und Wasabipüree mit Korianderblättchen anrichten.

500 g **Kartoffeln**
Salz
2 festfleischige **Fischfilets**
(300 g; z. B. Rotbarsch)
1 EL **Sesamsamen** *(geschält)*
2 EL Sonnenblumenöl
3 Stiele **Koriander** oder Petersilie
1 TL **Wasabi**
(jap. Meerrettichpaste; Tube)
1 EL Sojasoße

35 Minuten

Beim Abgießen von Kartoffeln verbleibt meist ein Rest Kochwasser im Topf, der die gekochten Kartoffeln schnell weich und matschig werden lässt. Um dies zu verhindern, stellt man den Topf mit den abgegossenen Kartoffeln für ein paar Sekunden zurück auf die heiße Herdplatte, bis das Wasser verdampft ist. So werden die Kartoffeln schön trocken und fest. Diesen Vorgang nennt man »ausdampfen lassen«.

Schauen Sie sich im Hafen um – vielleicht gibt es noch einen Ort, an dem Fischer anlanden und Sie den Fang direkt vom Boot kaufen können?

18

Garnelen mit Pak Choi und Kichererbsen

One Pot

1 Pak Choi waschen, Stielansatz abschneiden und die dickeren Stiele in Stücke schneiden. Kichererbsen abtropfen lassen. Garnelen waschen und trocknen. Tomaten waschen und halbieren. Knoblauch schälen und hacken.

2 Sesamsamen in einem weiten Topf oder einer Pfanne mit hoher Wand goldbraun rösten, bis sie duften. Aus dem Topf nehmen und abkühlen lassen.

3 Öl in dem Topf erhitzen und die Garnelen kurz anbraten. Knoblauch zugeben und mit Salz und Pfeffer würzen. Knoblauchgarnelen aus dem Topf nehmen und zur Seite stellen. Pak Choi sowie die Tomaten in den heißen Topf geben und bei geschlossenem Deckel ca. 3 Minuten schmoren lassen.

4 Kichererbsen unterheben und erhitzen. Brühe zugeben und alles mit Salz und Cayennepfeffer abschmecken. Garnelen und Sesam unterheben.

1 Packung **Pak Choi** *(2–3 Stück)* / alternativ 250 g Mangold oder Spinat
1 Dose **Kichererbsen** *(400 g)*
200 g küchenfertige **Garnelen** *(ohne Kopf und Schale)*
150 g **Kirschtomaten**
1 Knoblauchzehe
1 EL **Sesamsamen** *(geschält)*
3 EL Sonnenblumenöl
100 ml heiße Gemüsebrühe
Salz
Cayennepfeffer

40 Minuten

CATACO

19

Lammlachs mit Tomaten und Oliven zu Kartoffelpüree

500 g mehlig kochende **Kartoffeln**
Salz
2 **Lammlachse** *(à ca. 200 g)*
2 Knoblauchzehen
3 mittelgroße **Tomaten**
2 EL Sonnenblumenöl
Pfeffer
25 g schwarze **Oliven** *(z. B. Kalamata)*
125 ml heiße Gemüsebrühe
5 EL trockener **Rotwein**
2 EL Olivenöl
geriebene Muskatnuss

45 Minuten

1 Kartoffeln schälen, waschen und in Stücke schneiden. Anschließend in Salzwasser ca. 25 Minuten weich kochen.

2 Lammlachse trockentupfen. Knoblauchzehen halbieren. Tomaten waschen und quer halbieren.

3 Sonnenblumenöl in einer Pfanne erhitzen und das Fleisch darin von beiden Seiten kräftig anbraten. Mit Salz und Pfeffer würzen. Temperatur herunterschalten und bei schwacher bis mittlerer Hitze das Fleisch unter Wenden 8–10 Minuten fertig braten. Kurz vor Ende der Bratzeit Tomaten und Knoblauch zum Fleisch geben und kurz mitgaren. Zum Schluss Oliven, 75 ml Brühe und Wein zugeben. Aufkochen.

4 Kartoffeln abgießen und kurz ausdampfen lassen. Übrige Brühe und Olivenöl zu den Kartoffeln geben und alles zerstampfen. Püree mit Salz, Pfeffer und Muskat würzen. Fleisch und Püree auf einen Teller geben und mit geschmorten Tomaten, Oliven und Bratensud anrichten.

Beim Abgießen von Kartoffeln verbleibt meist ein Rest Kochwasser im Topf, der die gekochten Kartoffeln schnell weich und matschig werden lässt. Um dies zu verhindern, stellt man den Topf mit den abgegossenen Kartoffeln für ein paar Sekunden zurück auf die heiße Herdplatte, bis das Wasser verdampft ist. So werden die Kartoffeln schön trocken und fest. Diesen Vorgang nennt man »ausdampfen lassen«.

20

Gelbe Linsen mit Kasseler

One Pot

1 Linsen waschen und abtropfen lassen. Kartoffeln schälen, waschen und klein schneiden. Porree putzen, waschen und in Ringe schneiden. Möhre putzen, schälen und in dünne Scheiben schneiden.

2 Zwiebel schälen und grob würfeln. Öl in einem Topf erhitzen und Zwiebelwürfel darin andünsten. Vorbereitete Zutaten, Thymian, Lorbeer und Kasseler zu den Zwiebeln geben und mit 800 ml heißem Wasser ablöschen. Mit Salz und Pfeffer würzen und ca. 20 Minuten köcheln. Dabei ab und zu abschäumen.

3 Kasseler aus dem Topf nehmen und das Fleisch vom Knochen schneiden, dann würfeln. Gemüse und Linsen fein pürieren und mit Salz und Pfeffer abschmecken. Wenn kein Pürierstab zur Hand und kein Landstrom gelegt ist, kann man sie zur Not auch zerstampfen oder mit der Gabel möglichst fein zermusen. Kasseler zu den Linsen geben und nach Geschmack mit Salz und Pfeffer verfeinern.

100 g gelbe **Linsen**
2 mehlig kochende **Kartoffeln**
1 Stange **Porree**
1 mittelgroße **Möhre**
1 Zwiebel
2 EL Sonnenblumenöl
1 TL Thymian
1 Lorbeerblatt
300 g **Kasseler** *(mit Knochen)* am Stück
800 ml heißes Wasser
Salz
Pfeffer

40 Minuten

Beim Kochen von Hülsenfrüchten und Fleisch werden Schwebstoffe und Eiweiße freigesetzt. Für den besseren Geschmack – und bei klaren Brühen auch wegen des Aussehens – schöpft man sie ab: Mit einem Löffel vorsichtig flach unter die Oberfläche gehen und den Schaum abheben.

OCEAN ONE
SAILING & SUPPLY

21

Ente in Orangensoße zu Porreenudeln

1 Orangen waschen. Bei einer Orange die Schale fein abreiben. Beide halbieren. Auspressen.

2 Porree putzen, danach längs halbieren und in dünne Streifen schneiden.

3 Entenbrüste waschen, trocknen und die Haut mit einem scharfen Messer rautenförmig einschneiden. Zwiebel schälen und halbieren. Hälften in dünne Streifen oder Spalten schneiden.

4 Pfanne erhitzen und die Entenbrustfilets mit der Hautseite darin kräftig anbraten. Dann wenden und die Fleischseite kräftig anbraten. Dabei mit Salz und Pfeffer würzen. Temperatur herunterschalten und die Filets 12–15 Minuten bei schwacher bis mittlerer Temperatur unter Wenden fertig braten.

5 Nudeln in kochendem Salzwasser nach Packungsanweisung garen. Am Ende Porreestreifen ca. 1 Minute mitgaren.

6 Fertige Entenfilets aus der Pfanne nehmen, in Alufolie wickeln und zur Seite legen. Zwiebel im heißen Entenfett andünsten. Mit Orangensaft ablöschen. Orangenschale und Sojasoße zugeben und aufkochen. Mit Salz, Honig und Cayennepfeffer abschmecken.

7 Filets auswickeln und mit dem entstandenen Bratensaft in die heiße Soße legen. Porreenudeln abgießen, abtropfen lassen und mit Ente und Soße anrichten.

2 kleine **Bio-Orangen**
1 dünne Stange **Porree**
2 kleine **Entenbrustfilets** (à ca. 200 g)
1 Zwiebel
Salz
Pfeffer
125 g **Spaghetti** *(10 Minuten Garzeit)*
1 EL Sojasoße
1 TL flüssiger **Honig** *(z. B. Orangenblüten)*
Cayennepfeffer

45 Minuten

Entenbrüste haben eine dicke Fettschicht, sodass beim Braten kein zusätzliches Fett mehr benötigt wird. Damit das Fett austreten kann, wird die Fettschicht mit einem scharfen Messer vorsichtig eingeritzt: tief genug, um durch die gesamte Haut zu schneiden, aber nicht so tief, dass das Muskelfleisch verletzt wird. So bleibt das Fleisch schön in Form und die Soße schmeckt später lecker nach Ente. Wer es fettärmer mag, gießt etwas Fett ab, bevor die Soße zubereitet wird. Weibliche Entenbrüste wiegen ca. 200 g. Brüste von männlichen Enten können doppelt so schwer sein und somit sind sie auch dicker. Nach dem Anbraten in der Pfanne sollten diese Entenbrüste bei schwacher Hitze 5 Minuten länger gebraten werden.

22

Cabanossi-Kraut-Topf mit Paprika

One Pot

1 Cabanossi in Scheiben schneiden. Zwiebel schälen und würfeln. Paprika waschen, putzen, entkernen und das Fruchtfleisch in Streifen schneiden.

2 Öl in einem Topf erhitzen und Cabanossi darin kräftig anbraten. Paprika und Zwiebelwürfel zugeben und kurz mitbraten. Tomatenmark zugeben und ca. 3 Minuten mitbraten.

3 Lorbeer, Sauerkraut und Brühe zugeben und aufkochen. Ca. 5 Minuten köcheln. Mit Salz und Pfeffer abschmecken und mit Sour Cream und Roggenbrötchen anrichten.

125 g **Cabanossi**
1 Zwiebel
1 rote **Paprikaschote**
2 EL Sonnenblumenöl
1 EL Tomatenmark
1 Lorbeerblatt
1 Dose / Tüte **Sauerkraut**
(285 g Abtropfgewicht)
500 ml Gemüsebrühe
Salz
Pfeffer
200 g **Sour Cream** *(Kühlregal)*
2 **Roggenbrötchen**

30 Minuten

Cabanossi ist eine Wurst aus Rind- und Schweinefleisch sowie Speck. Kräftig im Geschmack, sehr lange haltbar und sowohl roh als auch gekocht oder gebraten zu verwenden, ist sie perfekt an Bord. Wer auf vegane Würstchen zurückgreifen möchte, fügt diese erst ganz am Ende hinzu.

23

Scharfe Hackfleischpfanne **mit Harissa und Paprika**

1 Paprika waschen, putzen, entkernen und das Fruchtfleisch in Stücke schneiden. Knoblauch schälen und zum Hackfleisch pressen. Hackmasse mit Salz, Paprika, Zimt, Kümmel und Harissa würzen.

2 Öl in einer Pfanne erhitzen und die Hackmasse darin krümelig braten. Aus der Pfanne nehmen und zur Seite stellen. Paprika in die heiße Pfanne geben und kräftig anbraten. Mit Salz würzen und mit 100 ml Wasser ablöschen. Solange garen, bis die Flüssigkeit verdampft ist.

3 Hackfleisch wieder in die Pfanne zum Paprikagemüse geben und unter Wenden erhitzen. Hackpfanne mit Joghurt und Taco Chips anrichten.

2 ***Paprikaschoten*** *(grün und gelb)*
1 Knoblauchzehe
300 g ***Rinderhackfleisch***
Salz
½ TL Paprika rosenscharf
1 Msp. Zimt
1 Msp. gemahlener Kümmel
1 TL ***Harissa*** *(Tube)*
2 EL Sonnenblumenöl
250 g ***griechischer Joghurt*** *(10 % Fett)*
50 g ***Taco Chips***

25 Minuten

Harissa ist eine scharfe Würzpaste, stammt aus den nordafrikanischen Raum und besteht mindestens aus Kreuzkümmel, Koriander, Knoblauch, Chili und Cayennepfeffer. Jede nach Sorte kommen bis zu 20 verschiedene Aromen hinzu: Minze, Olivenöl, Essig, Kümmel ... Es lohnt sich, seinen ganz persönlichen Favoriten durch Ausprobieren herauszufinden!
Die ursprüngliche Darreichungsform von Harissa ist die Tube, die es inzwischen oft auch im Supermarkt gibt. Mittlerweile gibt es aber auch Trockengewürze verschiedener Hersteller, die sich Harissa nennen.

24

Curry-Kokos-Hähnchen **mit Süßkartoffel**

One Pot

1 Süßkartoffel schälen und in kleine Würfel schneiden. Hähnchen waschen, trocknen und in ca. 1,5 cm große Würfel schneiden. Mandelkerne grob hacken und in einer Pfanne mit hohem Rand oder einem weiten Topf ohne Fett goldbraun rösten, bis sie duften. Aus der Pfanne nehmen.

2 Öl in der heißen Pfanne erhitzen und das Hähnchen darin anbraten. Mit Salz würzen. Süßkartoffelwürfel zugeben und kurz mitbraten. Alles mit Currypulver würzen.

3 Mit Kokosmilch und Brühe ablöschen. Aufkochen und ca. 10 Minuten köcheln lassen. Mit Sojasoße würzen. Koriander- (oder Petersilien-)blättchen abzupfen. Curry-Kokos-Hähnchen mit Mandeln und Koriander anrichten.

1 große **Süßkartoffel**
300 g **Hähnchenbrustfilet**
2 EL **Mandelkerne** *(mit Haut)*
2 EL Sonnenblumenöl
Salz
1 TL Currypulver
1 Dose **Kokosmilch** *(400 g; ungesüßt)*
125 ml Gemüsebrühe
1 EL Sojasoße
3 Stiele **Koriander** oder Petersilie

35 Minuten

Kräuter sollten nach dem Waschen besser trockengetupft werden als trockengeschüttelt. Je trockener sie sind, desto besser und feiner können sie gehackt werden!

25

Rindersteaks mit Couscous und Tomaten-Granatapfelsalat

1 Couscous in eine kleine Schüssel geben, mit Salz, Kreuzkümmel und Thymian vermischen und würzen. Knapp mit kochendem Wasser bedecken und quellen lassen. Möchte man den Couscous warm genießen, kann man dafür jetzt auch mitsamt dem Topf in eine Decke einwickeln.

2 Granatapfel entkernen.

3 Tomaten waschen und halbieren. Salat putzen, waschen und in Stücke zupfen. Essig, Senf, Brühe, Salz und Pfeffer verrühren. 3 EL Öl in einem dünnen Strahl mit einem Schneebesen unterrühren.

4 Steaks trockentupfen, mit Salz und Pfeffer würzen und in 1 EL heißem Öl von jeder Seite 3–5 Minuten bei mittlerer Hitze braten.

5 Tomaten, Granatapfelkerne und Salat mit der Vinaigrette locker vermengen. Couscous mit einer Gabel auflockern und mit Steaks und Salat anrichten.

75 g Instant **Couscous**
Salz
½ TL gemahlener Kreuzkümmel
½ TL getrockneter Thymian
kochendes Wasser
1 **Granatapfel** oder fertig ausgelöste Granatapfelkerne
250 g kleine gelbe oder rote **Tomaten** *(z.B. Kirsch- oder Strauchtomaten)*
1 **Mini-Römersalat**
1 TL Essig
1 TL Senf
5 EL warme Gemüsebrühe
Pfeffer
4 EL Sonnenblumenöl
2 **Rinderhüftsteaks** *(à ca. 125 g)*

40 Minuten

Das Entkernen eines Granatapfels geht einfach und ohne viel Saftaustritt (Granatapfel färbt stark; Flecken lassen sich nur schwer entfernen), indem man an der oberen Seite eine dicke Scheibe abschneidet und die Schale des Apfels bis kurz vorm Stielansatz in Abständen von 2 cm einschneidet. Danach einfach den Apfel über einer großen Schüssel mit der Schnittfläche nach unten auseinanderbiegen und mit einem Esslöffel die Kerne herausklopfen.

26

Rindergeschnetzeltes zu Kräutergnocchi

1 Rindergeschnetzeltes trockentupfen. Zwiebel schälen und fein würfeln. Gewürzgurken in dünne Scheiben schneiden.

2 2 EL Sonnenblumenöl in einer Pfanne erhitzen und das Geschnetzelte darin kräftig anbraten. Mit Salz und Pfeffer würzen und mit Mehl bestäuben. Mit Gemüsebrühe ablöschen. Schmand und Senf verrühren und unterrühren. Aufkochen und 5 Minuten köcheln lassen. Optimal bei halbgeschlossenem Deckel. Nach ca. 5 Minuten geht der Mehl- bzw. Stärkegeschmack weg und die Soße ist schön sämig. Außerdem gart das Fleisch in dieser Zeit auch mit.

3 Gnocchi in einer zweiten Pfanne oder einem Topf in 2 EL heißem Olivenöl goldbraun braten. Dabei mit Thymian würzen. Gurkenscheiben zum Geschnetzelten geben und mit Salz, Pfeffer und Zucker abschmecken. Geschnetzeltes und Gnocchi anrichten.

300 g **Rindergeschnetzeltes**
1 Zwiebel
3 kleine **Gewürzgurken**
2 EL Sonnenblumenöl
Salz
Pfeffer
1 TL **Mehl**
250 ml Gemüsebrühe
150 g **Schmand**
1 TL Senf
1 Packung **Gnocchi** *(400 g; Kühlregal)*
4 EL Olivenöl
½ TL getrockneter Thymian
1 Prise Zucker

25 Minuten

Rude
Saksild
DYNGBY HAGE
Bjergager
Dyngby Hoved
Dyngby
ASCHEHOUGS FLAK
Bovlstrup
Halling
Fensten
Stenkalven
TUNØ
MØLLEKÆRGRUND
KNØSEN
MØLLEGRUND
Forbudt område
Entry Prohibited
MØLLEHAGE
Vildtreservat
Nature Reserve
Endelave By
Havn 2,5m
ENDELAVE
Louisenlund
Kloben
KLOB HAGE
Magnetic Variation 0°45'E 2002 (6'E)

27

Pfannenbrot mit Südtiroler Schinkenspeck und Raclettekäse

1 Knoblauchzehe schälen und quer halbieren. Brote mit der Knoblauchzehe auf der Oberseite einreiben.

2 Butterschmalz in einer Pfanne erhitzen und die Brotscheiben darin von beiden Seiten goldbraun anbraten. Brote mit Speck und Käse belegen und bei geschlossenem Deckel so lange bei schwacher Hitze weiterbraten, bis der Käse anfängt zu schmelzen.

3 Mixed Pickles abtropfen lassen. Fertige Brote mit Pfeffer bestreuen und Mixed Pickles dazu servieren.

1 Knoblauchzehe
2 Scheiben ***Bauernbrot***
(kann auch gern schon vom Vor- oder Vorvortrag sein)
1 EL ***Butterschmalz*** /
Alternativ: Sonnenblumenöl mit einem Klecks Butter
4 Scheiben Südtiroler ***Schinkenspeck***
2 große Scheiben ***Raclettekäse***
1 kleines Glas ***Mixed Pickles***
Pfeffer

15 Minuten

Wer mag, kauft acht Scheiben Raclettekäse und kocht am nächsten Tag Pellkartoffeln. Käse in der Pfanne schmelzen – schon ist wieder ein Essen fertig.

28

Paprika-Hähnchen »süß sauer« mit Basmatireis

1 Reis nach Packungsanweisung in kochendem Salzwasser garen. Wenn nur 1 Flamme zur Verfügung steht, nach dem Aufkochen vom Herd nehmen und in z. B. oben und unten durch ein Holzbrettchen geschützt in eine Decke wickeln. Dort gart der Reis von allein weiter.

2 Hähnchen waschen und trockentupfen. Fleisch in mundgerechte Würfel schneiden. Paprika putzen, waschen und halbieren. Kerngehäuse entfernen. Gegebenenfalls in Stücke schneiden. Knoblauch schälen und hacken.

3 Öl in einer Pfanne erhitzen und das Fleisch darin unter Wenden goldbraun braten. Mit Salz würzen und aus der Pfanne nehmen. Paprika in das heiße Bratöl geben und bei mittlerer Hitze ca. 5 Minuten braten. Knoblauch zugeben und kurz mitbraten.

4 Fleisch wieder zugeben und alles mit Sweet Chilisoße und Sojasoße würzen. Bambus-Schösslinge abgießen, abtropfen lassen, zum Fleisch in die Pfanne geben und darin erhitzen. Paprika-Pfanne mit Sojasoße und Cayennepfeffer abschmecken und mit Basmatireis anrichten.

100 g **Basmatireis**
Salz
300 g **Hähnchenbrustfilet**
200 g kleine bunte **Paprikaschoten** *(Paprika Snack)* oder 1 große rote Paprikasschote
1 Knoblauchzehe
2 EL Sonnenblumenöl
4 EL **Sweet Chilisoße**
1 EL Sojasoße
1 Glas **Bambus-Schösslinge** *(Abtropfgewicht 175 g)*
Cayennepfeffer

30 Minuten

Basmatireis duftet intensiv und schmeckt besonders aromatisch. Da er sowohl eiweiß- als auch fettarm ist, ist er leicht verdaulich – und daher bei Seekrankheit zu empfehlen.

Auf hoher See
Pasta

29

Schinken-Maccaroni **mit Frühlingszwiebeln**

One Pot

1 Nudeln in ein großen Pfanne mit hohem Rand oder einen weiten Topf geben. Sahne, 500 ml Wasser und 1 TL Salz zugeben und bei starker Hitze aufkochen. Nudeln ca. 5 Minuten offen kochen, dabei gelegentlich umrühren.

2 Inzwischen Frühlingszwiebeln putzen, waschen und in schräge Scheiben schneiden. Schinken fein würfeln. Frühlingszwiebeln und Schinken zugeben und unterrühren. Weitere 3–5 Minuten offen kochen lassen.

3 Nudeln mit Salz, Pfeffer und einigen Tropfen Essig würzen und mit Parmesankäse bestreuen.

200 g kurze ***Maccaroni***
(Kochzeit 7 Minuten) /
alternativ: andere kurze dicke Nudeln mit 7 Minuten Garzeit
150 ml ***Schlagsahne***
Salz
1 Bund ***Frühlingszwiebeln***
150 g ***gekochter Schinken***
(in einer dickeren Scheibe)
Pfeffer
einige Tropfen Weißweinessig
35 g frisch geriebener ***Parmesankäse***

20 Minuten

30

Nudeltopf mit Hähnchen, Harissa und Brokkoli

One Pot

1 Zwiebel und Knoblauch schälen. Hähnchen waschen, trockentupfen und in Würfel schneiden. Brokkoli putzen, waschen und grob hacken oder in kleine Röschen teilen.

2 Öl in eine große Pfanne mit hohem Rand oder einen weiten Topf geben. Fleisch darin rundherum goldbraun anbraten und mit Salz und Pfeffer würzen. Zwiebel, Knoblauch und Harissa zugeben und kurz anbraten. Fleischmischung herausnehmen und zur Seite legen.

3 In die nicht gesäuberte Pfanne oder den Topf nun den Brokkoli geben, kurz anbraten, salzen und mit heißem Wasser ablöschen. Lorbeerblatt und Oregano zugeben. Aufkochen und ca. 3 Minuten offen garen.

4 Anschließend die Nudeln zugeben und weitere ca. 5 Minuten garen. Fleisch zugeben und den Nudeltopf mit Salz und Pfeffer abschmecken. Mit Schwarzkümmel bestreuen.

1 Zwiebel
1 Knoblauchzehe
150 g ***Hähnchenbrustfilet***
500 g ***Brokkoli***
3 EL Olivenöl
Salz
Pfeffer
1 TL ***Harissa*** *(Tube)*
Heißes Wasser
1 Lorbeerblatt
1 TL Oregano
100 g ***Suppennudeln***
(5 Minuten Garzeit)
1 TL ***Schwarzkümmel***

20 Minuten

Harissa ist eine scharfe Gewürzzubereitung, die Soßen, Suppen und Fleischgerichten eine orientalische Note verleiht. Mittlerweile gibt es Harissa in jedem größeren Supermarkt nicht nur in der Tube, sondern auch als Trockengewürz.

31

Nudelomelett mit Möhrensalat

1 Nudeln nach Packungsanweisung in Salzwasser kochen. Abgießen und gut abtropfen lassen.

2 Eier mit Salz, Pfeffer, Paprika, 3 EL Parmesan und ital. Kräutern verquirlen und die Nudeln unterheben. In einer kleine Pfanne Olivenöl erhitzen und die Nudelmischung hineingeben. Bei schwacher Hitze geschlossen ca. 20 Min. stocken lassen.

3 Möhren putzen, schälen und raspeln. Frühlingszwiebeln putzen, waschen, trockentupfen und hacken. Möhrenraspel und Frühlingszwiebeln vermengen, mit Salz und Pfeffer würzen. Essig und Olivenöl darüber träufeln und alles gut durchmischen.

4 Nudelomelett evtl. wenden und kurz weiterbraten. Sofern noch nicht geschehen, fertiges Omelett halbieren und mit dem Möhrensalat anrichten.

150 g kurze **Nudeln** *(z. B. Spirelli)*
Salz
3 **Eier**
Pfeffer
Paprika edelsüß
5 EL geriebener **Parmesankäse**
1 TL ital. Kräuter
2 EL Olivenöl
3 mittelgroße **Möhren**
2 **Frühlingszwiebeln**
1 TL Essig
2 EL Olivenöl

35 Minuten

Wer nicht filmreif Pfannkuchen in der Luft wenden kann, bedient sich eines Tricks: Einen Teller umgedreht auf die Pfanne legen und ihn einfach festhalten. Dann die Pfanne um 180 Grad drehen, sodass das Omelett auf dem Teller liegt. Anschließend das Omelett vom Teller in die Pfanne gleiten lassen. Alternativ kann man es natürlich auch in der Pfanne halbieren und die Hälften einzeln wenden.

32

Nudel-Pilz-Pfanne mit Baconchips

1 Nudeln in kochendem Salzwasser nach Packungsanweisung garen. Abgießen und abtropfen lassen.

2 Zwiebel schälen, halbieren und in kleine Würfel schneiden. Pilze putzen und evtl. etwas kleiner schneiden. Bacon in Stücke schneiden.

3 1 EL Öl in einer großen Pfanne erhitzen und den Bacon darin knusprig auslassen. Bacon aus der Pfanne nehmen und auf Küchenpapier abtropfen lassen.

4 Übriges Öl in die heiße Pfanne geben und die Pilze darin unter Wenden goldbraun braten. Mit Salz, Pfeffer und Thymian würzen. Zwiebelwürfel zugeben und kurz mitbraten. Tomaten klein schneiden und zu den Pilzen geben. Nudeln und Baconchips unterheben. Nudel-Pilz-Pfanne mit Salz und Pfeffer abschmecken. Crème fraîche dazu reichen.

180 g kurze **Nudeln** *(z. B. Penne)*
Salz
1 Zwiebel
500 g gemischte **Pilze**
(z. B. Champignons, Pfifferlinge und Kräutersaitlinge)
4 Scheiben **Bacon** *(Frühstücksspeck)*
3 EL Olivenöl
Pfeffer
1 TL getrockneter Thymian
5 getrocknete **Tomaten** *(in Öl)*
3 EL Kräuter **Crème fraîche**

30 Minuten

Getrocknete Tomaten in Öl sollte man immer vorrätig haben. Sie schmecken köstlich als Antipasti mit Oliven, Schinken und Mozzarella oder geben kleingehackt Pasta und Soßen fruchtiges Aroma. Mit Öl bedeckt halten sie im Kühlschank 2–3 Monate. Selbst an Bord und ohne Kühlschrank hält ein möglichst kühl gelagertes angebrochenes Glas rund 1 Woche.

Schmeckt auch als vegetarische Variante köstlich! Wer mag, ergänzt das Gericht dann einfach mit etwas Parmesankäse.

33

Spaghetti mit Knoblauchgarnelen und Rucola

1 Spaghetti nach Packungsanweisung in kochendem Salzwasser garen. Garnelen waschen und trockentupfen. Rucola putzen, waschen, trocknen und grob zerzupfen. Basilikumblättchen abzupfen.

2 Spaghetti abgießen und abtropfen lassen. Knoblauch längs halbieren. Öl in einer großen Pfanne erhitzen und den Knoblauch mit der Schnittfläche nach unter in das Öl legen. Garnelen zugeben und ca. 2 Minuten darin braten. Mit Salz würzen.

3 Zitrone waschen, trocknen und die Schale fein abreiben. Nudeln zu den Garnelen geben und Zitronenschale und Rucola unterheben. Zitrone halbieren, die Nudeln mit 1–2 TL Zitronensaft beträufeln und mit Salz und Pfeffer abschmecken.

200 g ***Spaghetti***
Salz
150 g küchenfertige ***Garnelen***
(ohne Kopf und Schale)
50 g ***Bio-Rucola***
3 Stiele ***Basilikum***
2 Knoblauchzehen
5 EL Olivenöl
1 ***Bio-Zitrone***

20 Minuten

34

Tofu-Ingwer Nudeln mit Pak Choi

1 Ingwer schälen und hacken. Chili waschen, putzen und in Ringe schneiden. Knoblauch schälen und hacken. Tofu in Scheiben schneiden. Pak Choi putzen und halbieren oder vierteln.

2 Nudeln nach Packungsanweisung in Salzwasser garen. Abgießen und abtropfen lassen.

3 Öl in einer Pfanne mit möglichst hohem Rand erhitzen und den Tofu darin goldbraun braten. Mit 1 EL Sojasoße beträufeln und aus der Pfanne nehmen.

4 Ingwer, Chili, Knoblauch und Pak Choi in die heiße Pfanne geben und ca. 2 Minuten darin braten. Nudeln und Tofu unterheben und mit Sojasoße abschmecken.

Umwelt-Tipp

Auch Einweghandschuhe lassen sich bei sorgfältiger Verwendung öfter nutzen. Einfach nach der Verwendung Hände mit den übergezogenen Handschuhen mit Wasser und Seife gründlich waschen und trocknen. Erst danach Handschuhe ausziehen.

1 walnussgroßes Stück **Ingwer**
1 rote **Chilischote**
1 Knoblauchzehe
200 g **Tofu** *(Natur)*
1 Packung **Pak Choi** *(2–3 Stück)*
100 g asiatische **Weizennudeln**
Salz
3 EL Sonnenblumenöl
Sojasoße

25 Minuten

Pak Choi ist ein naher Verwandter des Chinakohls und optimal für die schnelle Küche geeignet. Er kann im Ganzen oder in Stücken verarbeitet werden. Die Stiele brauche ca. 2 Minuten Garzeit. Die Blätter hingegen müssen nur kurz erhitzt werden.

Bei der Verwendung von Chili, Knoblauch und Zwiebeln ist es sinnvoll, Einweghandschuhe zu verwenden, da Schärfe und Geruch unangenehm sein können. Wer keine Einweghandschuhe zur Hand hat, die Hände möglichst sofort mit kaltem Wasser und Seife gründlich waschen. Warmes Wasser ist nicht geeignet, da es die Hautporen öffnet und Schärfe und Geruch so lange haften bleiben würden.

35

Auberginennudeln mit Kapern und Tomaten

1 Nudeln nach Packungsanweisung in kochendem Salzwasser garen. Aubergine putzen, waschen und in kleine Würfel (2 x 2 cm) schneiden. Knoblauch schälen und hacken.

2 Öl in einer Pfanne erhitzen und die Auberginenwürfel darin ca. 3 Minuten unter Wenden braten. Mit Salz und Pfeffer würzen. Knoblauch unterheben und das Gemüse geschlossen weitere ca. 3 Minuten bei schwacher Hitze schmoren.

3 Tomaten waschen, vierteln und entkernen. Fruchtfleisch klein schneiden und mit dem Tomatenmark und dem Harissa zu den Auberginen geben. Alles geschlossen bei mittlerer Hitze ca. 5 Minuten schmoren. Nudeln abgießen und abtropfen lassen. Nudeln und Kapern zu den Auberginen geben und unterheben. Mit Salz und Pfeffer würzen.

200 g kurze ***Nudeln*** *(z. B. Spirelli)*
Salz
1 große ***Aubergine***
1 Knoblauchzehe
3 EL Olivenöl
Pfeffer
2 große ***Tomaten***
1 EL Tomatenmark
1 TL ***Harissa*** *(Tube)*
1 EL kleine ***Kapern***

30 Minuten

Harissa ist eine scharfe Gewürzzubereitung, die Soßen, Suppen und Fleischgerichten eine orientalische Note verleiht. Mittlerweile gibt es Harissa in jedem größeren Supermarkt - entweder klassisch in der Tube oder auch als Trockengewürz.

Kapern sind nicht jedermanns Sache. Alternativ können die Blüten von Gänseblümchen oder Kapuzinerkresse genommen werden (sofern man beim Spazierengehen welche findet).

36

Salbeispaghetti **mit Walnüssen**

1 Spaghetti nach Packungsanweisung in kochendem Salzwasser garen. Walnusskerne grob hacken und in einer Pfanne ohne Fett goldbraun rösten, bis sie anfangen zu duften. Aus der Pfanne nehmen.

2 Salbeiblättchen abzupfen. Öl in der heißen Pfanne erhitzen und die Salbeiblättchen ca. 10 Sekunden darin frittieren. Salbeiblättchen herausnehmen und zum Abtropfen auf ein Stück Küchenkrepp legen.

3 Knoblauch schälen und in das heiße Salbeiöl pressen. Nudeln abgießen und abtropfen lassen. Tomaten waschen, trocknen und halbieren. Tomaten in das heiße Öl geben und darin kurz schmoren. Nudeln und Walnusskerne zugeben und unterheben.

4 Parmesan reiben. Spaghetti mit Salbeiblättchen und Parmesan anrichten.

200 g ***Spaghetti***
Salz
50 g ***Walnusskerne***
4 Stiele ***Salbei***
4 EL Sonnenblumenöl
1 Knoblauchzehe
100 g ***Kirschtomaten***
35 g ***Parmesankäse*** *(im Stück)*

20 Minuten

37

Zitronennudeln mit Hähnchen und Minze

1 Nudeln nach Packungsanweisung in kochendem Salzwasser garen. Zum Schluss Erbsen ca. 2 Minuten mitgaren. Nudeln und Gemüse abgießen und abtropfen lassen.

2 Fleisch waschen, trocknen und in Stücke schneiden. Zitrone waschen, trocknen und die Schale fein abreiben. Minze waschen, trocknen und die Blättchen abzupfen.

3 Öl in eine Pfanne erhitzen und darin das Fleisch bei mittlerer Hitze rundherum goldbraun braten. Mit Salz und Pfeffer würzen. Aus der Pfanne nehmen.

4 Nudeln und Erbsen in die heiße Pfanne geben und die Zitronenschale unterheben. Heißes Wasser zugeben und den Bratensatz lösen. Hähnchen zugeben und unterheben. Minze drüber streuen.

180 g ***Bandnudeln***
Salz
150 g TK ***Erbsen***
250 g ***Hähnchenbrustfilet***
1 ***Bio-Zitrone***
3 Stiele ***Minze***
3 EL Olivenöl
Pfeffer
50 ml heißes Wasser

25 Minuten

Auch hier gilt: Frisch ist natürlich immer besser als TK-Ware. Erbsen aus der Gemüseabteilung oder vom Wochenmarkt sind immer noch ein bisschen leckerer! Dann aber muss man die doppelte Menge an Schoten planen.

HARKEN

Ankern
Hülsenfrüchte und Reis

38

Pistazienreis mit Sternanis zu Tomatengemüse und Joghurt

1 2 EL Öl in einem Topf erhitzen und Pistazien und Sternanis darin unter Wenden kurz anbraten. Basmatireis zugeben und nach Packungsanweisung in kochendem Salzwasser garen. Sollte nur eine Flamme zur Verfügung stehen, den heißen Topf, geschützt mit einem Brettchen oben und unten, in eine Decke wickeln. Der Reis gart so weiter und bleibt heiß.

2 Während der Reis köchelt oder unter der Decke zieht, Tomaten waschen und halbieren oder vierteln. Knoblauch schälen und hacken. 2 EL Öl erhitzen und den Knoblauch kurz andünsten. Tomaten zugeben und mit Salz und Pfeffer würzen. Ca. 3 Minuten schmoren lassen.

3 Tomaten mit Essig würzen und mit Salz und Pfeffer abschmecken. Fertigen Basmatireis mit einer Gabel auflockern und mit Tomatengemüse und Joghurt anrichten.

4 EL Olivenöl
2 EL **Pistazienkerne** *(ungesalzen)*
2 **Sternanis**
150 g **Basmatireis**
300 g bunte **Kirschtomaten**
1 Knoblauchzehe
Salz
Pfeffer
½ TL Balsamicoessig
250 g **griechischer Joghurt** *(10 % Fett)*

30 Minuten

Sternanis schmeckt nicht nur zur Weihnachtszeit im Glühwein. Hier gibt das Gewürz dem Reis eine raffinierte orientalischen Note.

39

Bohnenhummus zu Balsamicogemüse

1 Bohnen abtropfen lassen und Tahin zugeben. Alles fein pürieren. Sollte kein Pürierstab an Bord sein (oder kein Stromanschluss), die Bohnen mit dem Tahin möglichst fein mit einer Gabel zerdrücken und vermengen. Knoblauch schälen und dazu pressen. Hummus mit Kreuzkümmel, Salz und Cayennepfeffer würzen. Mit Essig abschmecken.

2 Gemüse waschen und trocknen. Zucchini und Aubergine putzen. Zucchini längs in dünne Streifen, Aubergine in Scheiben schneiden.

3 Öl portionsweise in einer Pfanne erhitzen und Aubergine und Zucchini darin gar braten. Mit Salz, Pfeffer und einigen Tropfen Balsamicoessig würzen und aus der Pfanne nehmen.

4 Zum Schluss Tomaten mit Rispen in die heiße Pfanne geben und kurz anschmoren. Mit Salz und Zucker würzen. Einige Tropfen Balsamicoessig darüber träufeln und kurz mitschmoren. Bohnenhummus mit Pfeffer bestreuen und Balsamicogemüse anrichten.

1 Dose/Glas weiße **Bohnen** *(400 g)*
3 EL **Tahin** *(Sesampaste)*
1 Knoblauchzehe
½ TL gemahlener Kreuzkümmel
Salz
Cayennepfeffer
einige Tropfen Essig
1 mittelgroße **Zucchini**
1 **Aubergine**
100 g **Rispentomaten**
4 EL Olivenöl
1 TL Balsamicoessig
1 Prise Zucker
Pfeffer

35 Minuten

Eine Prise Zucker nimmt den Tomaten auf angenehme Weise ihren säuerlichen Geschmack.

40

Schupfnudeln mit Zitronenspitzkohl, Röstmandeln und Feta

1 kleiner Kopf **Spitzkohl** *(ca. 700 g)*
2 EL **Mandelkerne** *(mit Haut)*
2 EL Sonnenblumenöl
1 Packung **Schupfnudeln** *(500 g; Kühlregal)*
Salz
Pfeffer
100 g **Fetakäse**
½ **Bio-Zitrone** *(fein abgeriebene Schale)*

40 Minuten

1 Spitzkohl halbieren und den Strunk entfernen. Kohl waschen, trocknen und in dünne Streifen schneiden.

2 Mandeln grob hacken und in einer Pfanne ohne Fett goldbraun rösten, bis sie duften. Aus der Pfanne nehmen. Öl in die heiße Pfanne geben und die Schupfnudeln darin goldbraun braten.

3 Kohl mit ½ TL Salz in einer Schüssel verkneten. Schupfnudeln aus der Pfanne nehmen und den Kohl in dem heißen Öl kurz und kräftig anbraten. Mit Pfeffer würzen.

4 Feta grob zerbröckeln. Zitronenschale unter den Kohl heben. Schupfnudeln zum Kohl geben und vermengen. In der heißen Pfanne schwenken. Feta und Mandeln darüber verteilen.

Echter Fetakäse besteht aus Schaf- oder Ziegenmilch und kommt aus Griechenland. Dieser Salzlakenkäse kann auch aus günstigerer Kuhmilch hergestellt werden. Dann darf er aber nicht Feta genannt werden, sondern Hirtenkäse, Käse nach Balkanart, etc. Natürlich kann man auch diesen Käse hier verwenden, mir persönlich gefällt der echte Feta aber von Geschmack und Konsistenz her am besten.

41

Orientalischer Kartoffeltopf mit Möhren

One Pot

1 Möhren putzen, schälen und in Scheiben schneiden. Kartoffeln schälen, waschen und in Stücke schneiden. Zwiebel und Knoblauch schälen. Zwiebel würfeln, Knoblauch fein hacken.

2 Öl in einem Topf erhitzen und Knoblauch und Zwiebeln anbraten. Harrissa und Gewürze zugeben und ca. 3 Minuten bei mittlerer Hitze mitbraten.

3 Kartoffeln und Möhren zugeben und unterheben. Mit Brühe ablöschen und ca. 20 Minuten geschlossen garen.

4 Koriander oder Dill abzupfen. Kartoffeltopf mit Salz abschmecken und mit Joghurt und den frischen Kräutern anrichten.

2 mittelgroße **Möhren**
400 g **Kartoffeln**
1 Zwiebel
1 Knoblauchzehe
3 EL Olivenöl
1 TL **Harissa** *(Gewürzzubereitung; Tube)*
½ TL Kreuzkümmel
½ TL gemahlener Kümmel
½ TL getrockneter Oregano
600 ml heiße Gemüsebrühe
3 Stiele **Koriander** oder Dill
250 g **griechischer Joghurt** *(10 % Fett)*

35 Minuten

Harissa ist eine scharfe Würzpaste, stammt aus den nordafrikanischen Raum und besteht mindestens aus Kreuzkümmel, Koriander, Knoblauch, Chili und Cayennepfeffer. Jede nach Sorte kommen bis zu 20 verschiedene Aromen hinzu: Minze, Olivenöl, Essig, Kümmel … Es lohnt sich, seinen ganz persönlichen Favoriten durch Testen herauszufinden! Die ursprüngliche Darreichungsform von Harissa ist die Tube, die es inzwischen oft auch im Supermarkt gibt. Mittlerweile gibt es aber auch Trockengewürze verschiedener Hersteller, die sich Harissa nennen.

42

Süßkartoffelpüree zu Merguez und grünen Bohnen

1 Süßkartoffel schälen und in Stücke schneiden. In Salzwasser ca. 15 Minuten weich garen. Auch hier hilft wieder der Trick mit der Decke – wenn nicht so viele Herdflammen vorhanden sind, den Topf gut einwickeln und die Kartoffeln so im heißen Wasser weiter ziehen lassen.

2 In der Zwischenzeit Bohnen putzen und waschen. Zwiebel schälen und klein würfeln. Öl in einem Topf erhitzen und die Zwiebel darin andünsten. Bohnen, Bohnenkraut und ½ TL Salz zugeben und knapp mit Wasser bedecken. Bohnen ca. 12 Minuten garen.

3 Würstchen in heißem Sonnenblumenöl rundherum goldbraun braten. Tomaten in Streifen schneiden.

4 Süßkartoffel abgießen und im Topf kurz ausdampfen lassen. Milch zugießen und alles zu Püree zerstampfen. Püree mit Salz, Pfeffer und einigen Tropfen Essig abschmecken. Bohnen abgießen und mit den Tomaten vermengen. Würstchen, Püree und Bohnen anrichten.

Getrocknete Tomaten in Öl sollte man immer vorrätig haben. Sie schmecken köstlich als Antipasti mit Oliven, Schinken und Mozzarella oder geben kleingehackt Pasta und Soßen fruchtiges Aroma. Mit Öl bedeckt halten sie im Kühlschank 2–3 Monate. Selbst an Bord und ohne Kühlschrank hält ein möglichst kühl gelagertes angebrochenes Glas rund 1 Woche.

1 große **Süßkartoffel** *(ca. 400 g)*
Salz
350 g frische grüne **Bohnen**
oder 300 g TK grüne Bohnen
1 Zwiebel
2 EL Olivenöl
½ TL Bohnenkraut
4 **Merguezwürstchen** *(à ca. 80 g)*
1 EL Sonnenblumenöl
3 getrocknete **Tomaten** *(in Öl)*
75 ml heiße **Milch**
einige Tropfen Essig

35 Minuten

Merguez ist eine scharf gewürzte rohe Bratwurst, die ursprünglich aus Nordafrika stammt. Früher wurde sie ausschließlich aus Lammfleisch hergestellt. Wenn man heute im Supermarkt an der Fleischtheke Merguez verlangt, bekommt man meist eine Bratwurst aus Rind- und Lammfleisch. Alternativ kann man jede andere rohe Bratwurst verwenden.

43

Senfeier zu Petersilienkartoffeln

1 Kartoffeln schälen, waschen und in Stücke schneiden. Kartoffeln in kochendem Salzwasser ca. 20 Minuten garen. Eier in kochendem Wasser ca. 7 Minuten garen. Wenn wenig Flammen/Töpfe vorhanden sind, können die Eier auch für die letzten 7 Minuten mit zu den kochenden Kartoffeln gegeben werden. Wichtig ist, sie vorher anzupieksen!

2 Butter in einem Topf schmelzen und das Mehl darin kurz anschwitzen. Unter Rühren die Brühe zugießen und Crème fraîche einrühren. Aufkochen und ca. 5 Minuten bei schwacher Hitze köcheln lassen. Senf in die Soße rühren und mit Salz und Zucker abschmecken. Petersilie waschen, trocknen und die Blättchen hacken.

3 Kartoffeln abgießen und im Topf kurz ausdampfen lassen. Petersilie zugeben und locker unterheben. Eier abgießen, kalt abschrecken und pellen. Eier halbieren und mit Petersilienkartoffeln und Senfsoße anrichten.

Beim Abgießen von Kartoffeln verbleibt meist ein Rest Kochwasser im Topf, der die gekochten Kartoffeln schnell weich und matschig werden lässt. Um dies zu verhindern, stellt man den Topf mit den abgegossenen Kartoffeln für ein paar Sekunden zurück auf die heiße Herdplatte, bis das Wasser verdampft ist. So werden die Kartoffeln schön trocken und fest. Diesen Vorgang nennt man »ausdampfen lassen«. Besonders wichtig bei Salzkartoffeln!

500 g **Kartoffeln**
Salz
3 **Eier**
2 EL **Butter**
1 gehäufter TL Mehl
300 ml Gemüsebrühe
100 g **Crème fraîche**
1 gehäufter EL mittelscharfer Senf
1 Prise Zucker
2 Stiele glatte **Petersilie**

30 Minuten

Um die perfekt gegarten Eier zu bekommen, sollte man sie zunächst anpieksen und dann in kochendes Wasser geben. Dabei ist es wichtig, dass die Eier nicht eiskalt aus dem Kühlschrank kommen, sondern Zimmertemperatur haben. Ist der Temperaturunterschied zu groß, können sie trotz der Löchlein platzen.

SEASIDE

44

Gemüserisotto mit Zucchini

One Pot

1 Zwiebel und Knoblauch schälen. Zwiebel fein würfeln und Knoblauch hacken. Zucchini putzen, waschen und in kleine Würfel von ca. 1 cm Kantenlänge schneiden.

2 Öl in einem Topf erhitzen. Zucchiniwürfel darin kurz und kräftig goldbraun anbraten und mit Salz und Pfeffer würzen. Aus dem Topf nehmen. Zwiebel und Knoblauch in den heißen Topf geben und darin kurz andünsten.

3 Risottoreis zugeben und glasig dünsten. Mit Wein und etwas Brühe ablöschen. Aufkochen und unter Rühren garen, bis die Flüssigkeit verdampft ist.

4 Wie oben beschrieben die heiße Brühe portionsweise zugeben und den Reis so bissfest garen. Zum Schluss Zucchini zugeben und darin erhitzen. Parmesankäse fein reiben. Parmesan und Butter unterrühren. Risotto mit Salz, Pfeffer und Essig abschmecken.

1 kleine Zwiebel
1 Knoblauchzehe
1 mittelgroße ***Zucchini***
2 EL Olivenöl
Salz
Peffer
150 g ***Risottoreis***
100 ml trockener ***Weißwein***
600 ml heiße Gemüsebrühe
20 g ***Parmesankäse***
1 EL ***Butter***
einige Tropfen Essig

45 Minuten

Gemüserisotto kann selbstverständlich mit jedem anderen Gemüse zubereitet werden – ein prima Resteverwerter!

Der Trick für ein cremiges Risotto: immer nur so viel heiße Flüssigkeit zum Reis geben, dass dieser knapp bedeckt ist. Während der Reis die Flüssigkeit bei gringer Hitze aufnimmt muss er ständig gerührt werden.

45

Rosinen-Couscous mit Hackbällchen und Spinat

1 Hackfleisch mit ½ TL Salz, Pfeffer und Thymian würzen. Aus der Masse mit der Hand Hackbällchen formen und im heißen Sonnenblumenöl von allen Seiten goldbraun braten. Zur Seite stellen, evtl. in eine Decke gewickelt warm halten.

2 Couscous, Rosinen und 1 gehäufte Msp. Salz in eine Schüssel geben, vermischen und knapp mit kochendem Wasser bedecken. Danach quellen lassen. Soll der Couscous heiß genossen werden, den Topf zum Quellen in eine Decke einwickeln!

3 Spinat putzen, waschen und trocknen. Tomaten waschen und halbieren. Essig, Salz, Pfeffer, heißes Wasser und Olivenöl verquirlen.

4 Couscous mit einer Gabel auflockern. Hackbällchen, Rosinen-Couscous, Spinat und Tomaten locker vermengen und mit der Vinaigrette beträufeln.

300 g gemischtes ***Hackfleisch***
Salz
Pfeffer
½ TL Thymian
1 EL Sonnenblumenöl
75 g Instant ***Couscous***
2 EL ***Rosinen***
100 g ***Babyspinat***
8 ***Kirschtomaten***
1 TL Essig
2 EL heißes Wasser
2 EL Olivenöl

35 Minuten

Sollte kein Babyspinat zu bekommen sein, kann jedes andere zarte Blatt verwendet werden: Die Blätter (ohne Strunk) von Mangold, Pak Choi oder Chinakohl zum Beispiel (siehe auch Rezept S. 54 oder 92). Auch Feldsalat geht zur Not. Feingehackte Petersilienblätter mit etwas Minze machen das Ganze orientalisch.

HAMBURG

SEGELWERKSTATT

46

Grüne Erbsensuppe mit Minze und Räucherlachs

One Pot

1 Zwiebel
2 EL Sonnenblumenöl
300 g TK grüne **Erbsen**
500 ml Gemüsebrühe
150 g **Schlagsahne**
Salz
Cayennepfeffer
3 Stiele **Minze**
2 Scheiben **Räucherlachs**
2 **Roggenbrötchen**

20 Minuten

1 Zwiebel schälen und würfeln. Öl in einem Topf erhitzen und die Zwiebelwürfel darin andünsten. Erbsen zugeben und mit Brühe ablöschen. Aufkochen und ca. 5 Minuten köcheln.

2 Suppe fein pürieren, 100 g Schlagsahne zugeben und erhitzen. Mit Salz und Cayennepfeffer würzen.

3 Minze waschen, trocknen und die Blättchen abzupfen. Die Hälfte der Minze fein hacken und unter die Suppe rühren. Lachs in Streifen schneiden.

4 Suppe mit übriger Sahne, Minze und Räucherlachsstreifen anrichten. Dazu die Roggenbrötchen reichen.

Wenn kein Pürierstab an Bord ist, einfach die Suppe wie beschrieben zubereiten und auf das Pürieren verzichten. Die Suppe wird dann zwar nicht sämig, aber der Geschmack von Brühe mit frischen Erbsen und Kräutern ist auch nicht zu verachten!

47

Taboulé mit Halloumi

1 Couscous mit einer gehäuften Messerspitze Salz und Kreuzkümmel in einer Schüssel vermengen. Knapp mit kochendem Wasser bedecken und quellen lassen. Möchte man den Salat warm genießen, das Ganze in eine Decke wickeln.

2 Tomate waschen, halbieren und den Stielansatz entfernen. Fruchtfleisch in kleine Würfel schneiden.

3 Paprika putzen, waschen, halbieren und das Kerngehäuse entfernen. Fruchtfleisch in kleine Würfel schneiden; im Idealfall genauso groß wie die Tomatenstücke. Petersilie waschen, trocknen und die Blättchen hacken.

4 Essig, Brühe, Salz und Pfeffer verrühren. Knoblauch schälen und dazu pressen. 3 EL Öl in einem dünnen Strahl unterrühren.

5 Halloumi in 1 EL heißem Öl von beiden Seiten goldbraun braten. Couscous mit einer Gabel auflockern und mit Tomate, Paprika, Petersilie und der Vinaigrette vermengen. Halloumi diagonal halbieren und auf dem Salat anrichten.

Auch hier gilt:
Petersilie lieber trockentupfen
statt trockenschütteln.

100 g Instant ***Couscous***
Salz
½ TL gemahlener Kreuzkümmel
kochendes Wasser
1 große ***Tomate***
1 gelbe ***Paprikaschote***
3 Stiele glatte ***Petersilie***
1 TL Essig
5 EL warme Gemüsebrühe
Pfeffer
1 Knoblauchzehe
4 EL Olivenöl
2 Scheiben ***Halloumikäse*** *(à ca. 100 g)*

25 Minuten

Halloumi ist ein halbfester Käse, der sich sehr gut zum Braten und Grillen eignet. Traditionell wird er auf Zypern und in Griechenland hergestellt und soll ursprünglich aus dem arabischen Raum stammen. Er wird aus der Milch von Schafen, Ziegen und Kühen gemacht und hat einen recht hohen Salzgehalt. Das macht ihn im Kühlschrank – und an Bord! – sehr lange haltbar.

48

Scharfe Reispfanne **mit Paprika und Wiener Würstchen**

1 Zwiebel schälen, halbieren und in Spalten schneiden. Paprika putzen, waschen, halbieren und das Kerngehäuse entfernen. Fruchtfleisch in kleine Stücke schneiden.

2 Öl in einer Pfanne erhitzen. Zwiebel und Paprika darin unter Wenden kräftig anbraten. Mit Salz und Thymian würzen. Würstchen in Scheiben schneiden, Mais abtropfen lassen. Würstchen zum Zwiebel-Paprika-Gemüse geben und kurz mitbraten.

3 Reis nach Packungsanweisung erhitzen. Mais und Reis in die Pfanne geben und kurz darin erhitzen. Mit Chiliöl bzw. Zitronensaft und Chilipulver würzen und mit Salz abschmecken.

1 Zwiebel
1 grüne **Paprika**
3 EL Olivenöl
Salz
1 TL getrockneter Thymian
2 **Wiener Würstchen**
1 kleine Dose **Mais**
(140 g Abtropfgewicht)
1 Beutel vorgekochter **Naturreis**
(220 g; Beutel)
einige Tropfen **Chiliöl** / alternativ Zitronensaft mit einer Prise Chilipulver

25 Minuten

Als vegetarische Variante einfach angebratene Champignons (noch besser, weil aromatisch-intensiver: Austernpilze) statt Würstchen verwenden.

49

Curry-Couscous mit roten Bohnen und Gurkensalat

1 Couscous mit einer gehäuften Messerspitze Salz und Curry in einer Schüssel vermengen. Knapp mit kochendem Wasser bedecken und quellen lassen. Soll es ein warmer Salat werden, die Schüssel zum Warmhalten unter eine Decke packen.

2 Bohnen in einem Sieb abtropfen lassen und mit kaltem Wasser abspülen. Gurke waschen, trocknen und mit einem Sparschäler längs in dünne Streifen oder mit einem Messer in möglichst dünne Scheiben schneiden.

3 Schmand, Brühe, Salz und Pfeffer glatt verrühren. Dill waschen und trocknen. Die Dillfähnchen abzupfen und hacken. Schmandsoße und Dill verrühren und mit der Gurke vermengen.

4 Couscous mit einer Gabel auflockern und mit den Bohnen vermengen. Couscous und Gurkensalat in Gläser schichten oder auf Tellern anrichten.

50 g Instant ***Couscous***
Salz
1 gehäufte Msp. Currypulver
kochendes Wasser
1 kleine Dose ***Kidneybohnen***
1 ***Bio-Salatgurke***
3 EL ***Schmand***
3 EL warme Gemüsebrühe
Pfeffer
2 Stiele ***Dill***

25 Minuten

Den Rest Schmand entweder zum Nachtisch mit ein bisschen Zitronenschale und Zucker verrühren und zu einem Obstsalat servieren oder einfach am nächsten Morgen statt Butter aufs Brot. Süß oder mit Kräutern abgeschmeckt ein abwechslungsreicher Genuss!

50

Pfannenpommes zu Gemüsequark mit Rucola

500 g **Kartoffeln**
1 rote **Paprikaschote**
1 Knoblauchzehe
1 EL **Sesamsamen** *(geschält)*
3 EL Sonnenblumenöl
Salz, Pfeffer
500 g **Speisequark** *(40 % Fett)*
50 g **Rucola**

40 Minuten

1 Kartoffeln schälen, waschen und trockentupfen. Kartoffeln in kleine, gleich dicke Würfel schneiden, Kantenlänge ca. 1 cm. Paprika waschen und trocknen. Von der Paprika mit einem Sparschäler grob die Haut abschälen. Frucht halbieren, entkernen und in kleine Stücke schneiden. Knoblauch schälen.

2 Sesam in einer Pfanne ohne Fett goldbraun rösten, bis er anfängt zu duften. Aus der Pfanne nehmen und auskühlen lassen. 2 EL Öl in der heißen Pfanne erhitzen und die Kartoffelwürfel darin ca. 10 Minuten bei mittlerer Hitze unter Wenden gar braten. Dabei mit Salz und Pfeffer würzen.

3 1 EL Sonnenblumenöl in einem kleinen Topf erhitzen und Paprika darin anbraten. Knoblauch dazu pressen und kurz mitbraten. Gemüse mit Salz und Pfeffer würzen und mit 3 EL Wasser ablöschen. Paprika so lange garen, bis das Wasser verdampft ist. Dann aus der Pfanne nehmen und mit einer Gabel zermusen.

4 Quark mit Salz und Pfeffer würzen und das Paprikamus locker unterheben. Rucola verlesen, putzen, waschen und trocknen. Rucola hacken. Die Hälfte unter den Paprikaquark heben, den Rest Rucola auf dem Quark anrichten. Pfannenpommes mit geröstetem Sesam bestreuen und dazu reichen.

MIDDELFART
Kastrup
ÅKROG BUGT